一生三部曲暨
彭飛宗賢追思紀念集

彭飛宗賢追思紀念集編委會編

文史哲出版社印行

國家圖書館出版品預行編目資料

一生三部曲暨彭飛宗賢追思紀念集 / 彭飛
宗賢追思紀念集編委會編. -- 初版. --
臺北市：文史哲出版社, 民 111.05
　　面：　　公分
　　ISBN 978-986-314-604-9（平裝）

1.CST：彭飛　2. CST：傳記　3.CST：文集

783.3886　　　　　　　　　　111007812

一生三部曲暨彭飛宗賢追思紀念集

編　　　者：彭飛宗賢追思紀念集編委會
出 版 者：文　史　哲　出　版　社
　　　　　http://www.lapen.com.tw
　　　　　e-mail:lapen@ms74.hinet.net
登記證字號：行政院新聞局版臺業字五三三七號
發 行 人：彭　　　　正　　　　雄
發 行 所：文　史　哲　出　版　社
印 刷 者：文　史　哲　出　版　社
　　　　　臺北市羅斯福路一段七十二巷四號
　　　　　郵政劃撥帳號：一六一八○一七五
　　　　　電話886-2-23511028・傳真886-2-23965656

實價新臺幣三五○元

二○二二年(民一一一年)五月初版

一生三部曲暨
彭飛宗賢追思紀念集

目次

壹、一生三部曲

一、盡忠盡孝盡力一生三部曲

　　余姓彭名飛號劍英，河南省夏邑縣人；彭氏宗族，已逾4500年之悠久歷史，一世受姓始祖彭祖，原名籛鏗，係黃帝八世孫，封於彭城國（徐州），因國得姓，乃我國最長壽之人，亦係烹飪及氣功之祖師爺；五十五世祖仲爽公，任楚賢大夫，秦滅楚遷大戶於隴西，公率五房往之，公係隴西始祖，故稱隴西堂號；七十六世祖越公，因興漢有功，封大梁王，功高遭忌，呂后陷害，夷誅三族，葬於河南太康大梁甸（流屍堌堆）；八十三世祖宣公，係淮陽始祖，任漢光祿熏右將軍，大司空，長平侯，因王莽攬政，故辭朝歸農，研治易經，故有"施氏之易張彭之學"之歷史記載；一〇八世係江西始祖構雲公，乃贛八大隱賢之一，唐玄宗聞其賢，以蒲輪車迎封高官厚爵，公堅辭不仕，賜號"徵君"，專使送歸，一一二世祖玕公，唐僖宗至明宗期間，任金紫光祿大夫，左龍韜上將軍、節度使、行軍司馬、太尉，安定王；一一三世祖彥昭公，末五代，歷任朝散大夫、靜江軍節度使、特進檢校太保、太傅，尚書令、金紫光祿大夫、兵部尚書、長州刺史、御賜"金魚紫袋"；至一三〇世祖悠久公，於明成化年間，由江西廬陵（吉安），遷居河南夏邑，為豫夏一世始祖；一三三世祖（夏邑四世）端吾公，任明萬歷監察御史，兩淮巡按、漕運巡按，光祿太常兩寺少卿，通政使司、右通政、晉中議大夫，御賜"父子清卿"及"勁骨清襟"兩匾額，并"滾龍石牌坊"一座，建於夏邑府前大街；曾赴江西廬陵，修祠、表墓、立碑、購栗山護陵地；一三七世（夏邑八世）祖家屏公，任清康熙、雍正、乾隆三朝，監察御史、順天府府尹、長蘆都轉運使、江浙鹽法道、湖南按察使、江西布政司署理巡撫、雲南布政司署理巡撫、授光祿大夫（豫劇彭公案主人翁）；一三八世（夏邑九世）樹葵公，任乾隆師傅，授編八旗通志纂修官、通政使司、右通政、太傅寺卿、宗人府府丞、都察院左副都御史、總督倉場戶部右侍郎、湖北巡撫、兩湖總督、禮部右侍郎、授光祿大夫；御賜"椿庭萊舞"匾額。

彭祖至余一四六（夏邑十七）世；生於民國十三年元宵節，父道中公，參加國民革命，在我不足一歲時，即於北伐戰役中陣亡，迄不悉葬於何處；母韓氏二二年華，寡居育孤；三歲時由祖父紫宸公，教導認字，及讀三字經、百家姓等簡易書籍，後聘秀士私塾名師彭寶爐，教讀講解四書五經等各種歷史書籍（師係清朝最後一屆秀才，學問淵博，尤對彭氏源流、歷史、文化，知之甚詳，一而再的講解，使我印象深刻）；故後入讀學校時，均以同等學力，屢次考取升級，跳讀初、高中、大一。

七七事變，日寇入侵，舉國憤慨，毅然拜別母親，投筆從戎，參加抗日救國行列，以繼父志；虛報年齡投效陸軍三十軍三十一師九十三團，參加台兒莊抗日戰役；後考取軍校十八期，畢業派至陸軍暫二十四師，七十一團服務，後調至陸軍五十五軍；與敵周旋於魯蘇豫皖及湘鄂一帶；臉、胸、腿部數次負傷，幸未成殘，八年浴血抗戰，終獲最後勝利；奈國共戰事又起，致無機會返歸故里，探視孤苦無依之母親，奈何！奈何！

軍旅中歷經磨練，生活雖艱苦，精神卻奮發，環境雖危險，意志更堅定，時間雖緊張，求知慾就越強；不停搶時自修，以彌補早年求學時間之不許；不停閱讀鍛鍊寫作，而充實內涵學養之不足。

　　徐蚌戰役後調至陸軍第一訓練處又改編為陸軍第一編練司令部；後由方先覺將軍，率領由京至滬，乘船抵閩之東山島，改編為陸軍獨立五十八師，師長洪偉達；東山島戰役結束，奉調金門防衛部，教導總隊校官隊。

　　駐於金門水頭海邊關帝廟，因海風吹襲又潮濕，致患嚴重性關節炎，站立都困難，送陳村聯勤五十三醫院醫治；對部份證件及寫作之稿件，多遺失損毀於戰爭中，於病中倍感懷念；曾書寫「懷著憂痛的心，提起生銹的筆，來整理兩冊幾經災難，屢受摧殘，倖免僅存的點滴遺產─拙作、小品；"七九伴遊"的辭，"歸去來兮"的賦，"紅亭"的詩，"懷故鄉"的歌，"女英豪"的劇，"五更天"的曲，"蓮花落"、"數來寶""相聲"，以及小調、民謠……唉！真如對玉殞香逝的摯友，空留永遠的懷念，無限的哀悼」；除將尚存霉污的片斷，予換新裝（謄錄）外，再以數語籍作慰勉，而療鬱傷…「人於患難憂鬱之際，正是德業長進之時，其功在於胸懷坦夷，其效在於身體健康；聖賢之所以為聖賢，偉人之所以成偉人，所爭皆在大難折磨之日；將此心放得實，養得靈，有活潑潑之胸襟，有坦蕩蕩之意境，則身體雖有外感，必不至於內傷」。

三十九年於金門聯勤五十三醫院住院療養時，十月三十一日蔣公於他華誕，至金門視察防務，步行在陳村醫院前之海岸，於二樓校官病室，因臨海清晰可見；接通知蔣公要來醫院慰問，該院係華僑建兩層建築，樓上周圍都有走廊；由一樓上二樓樓梯口右側即校官病室，進門左住廣東梅縣籍少校陳科長（名忘記），右側住東山港口司令周鈞上校，前靠臨海前門口左方，住十八軍中校營長鄧進勇（後升上校退役任中央印刷廠長），靠前門右側我共四位；院方交代臥或坐床上被窩即可，該科長因年輕、興奮，卻坐在床邊；蔣公身著中山裝，手持拐杖、紅光滿面、精神抖擻，率領著胡璉、周至柔、薛岳等高級將領，首先進入校官病室；當蔣公剛進門，該科長忽然起立舉手敬禮，因距離近蔣公雖從容點頭還禮，時安全人員卻非常緊張，對科長特別注意；室內中間放大型圓桌，蔣公靠右行問周司令病情後，即至我病床前，我坐被內手放被上，挺胸致敬行注目禮，公含笑點頭，連說好！好！好！手柱枴杖問我病情及生活，報告病情後，卻將院中不合情理之現象，也和盤說出；"聞上面撥發醫院之麵粉、罐頭、毛毯、被子、被單、枕頭、毛巾、襯衣、肥皂等物品，我們吃不到、用不到，反而吃發霉的米、菜也洗的不乾淨，有時會吃出蟲子、雜草"；蔣公當時轉臉向胡璉及該醫院院長交待，現我們物資及醫院設備并藥品比較欠缺，在生活上務必多照顧，尤其對精神上的慰藉更重要；該院長隨出門外走廊對蔣公講，該病患精神上有問題？我雖心中不平，但並不好當面拆穿，當公回經病室時，我仍行挺胸致敬注目禮，公仍連說好！好！好！；當蔣公進來詢問至出後返回經過至離開，隨行記者之鎂光燈，一直不停閃爍著。

蔣公走後，周司令對我說："你告了他們一狀，要小心夜晚裝進麻袋，向海下水餃"，聽後還真有些發毛，但事實至次日即發給軍毯、棉被、枕頭、襯衣等全新的物品，中午亦送來白饅頭、肉罐頭，大家才七嘴八舌的說，你這一狀還真告對了，我答以"你們等著吃水餃吧"！

調金門後至住院療養期間，亦寫過"十二個月"大鼓詞、"對待新生弟兄之觀感"論文、"跳蚤寫真"、"臥病呻吟"於39年11月7日，鄧營長健癒出院，宴請酒後寫一首"鄧進勇兄前途光明"的藏頭嵌名詩相贈；來台後亦寫過二十餘首"藏頭嵌名詩"，裝裱贈予友人；於"豫劇彭公案"中，劇538頁寫過一首諧音詩，劇068-069頁，寫過"藏頭、隱尾詩"聊以藉慰自娛。

因病重於三十九年底，後送臺灣基隆六｜　醫院醫治；

四十二年病癒，請求派赴部隊工作；雖具軍校十八期之學歷，還入陸軍官校高級班二十九期受訓畢業，調至基隆港口司令部；經歷過王征萍、文宗萬、李萬貴三任司令，雖係步科派至運輸科之單位，卻能擔任該單位，中心工作運輸之中心業務，裝卸工作之主管；兼任美援會運輸組長，故常應港務局章局長邀請李司令、謝參謀長及我三人，至該局設於和平島之貴賓招待所餐聚，以連絡兩單位之感情及協調各碼頭作業調度事宜；曾服侍蔣公登美劍魚號潛艇，至外海經歷潛入深海；并曾擬訂過鳳凰、鴻達、肇慶、海象、大信、飛虹、革新、天雷、虎賁各種演習之計劃、執行；尤予海三軍區，會同策訂兩師實兵兩棲作戰演習及岸勤計劃，且任岸勤隊長，由基隆上船至金山登陸；多次向高級將領及各部隊參觀代表作簡報，登陸演習實地作業成績卓著，記大功一次；這亦是我曾於海軍，接受過兩棲之專業訓練有關；因係步兵科難於運輸單位升級，故於四十九年又送運輸學校高級班十五期受訓畢業，改敘運輸科後，才晉升陸軍中校；於運校受訓期間，在端午節、中秋節、九三軍人節，歡迎十六期同學等晚會時，曾表演應時蓮花落相聲，及自編、自拉、自唱之豫劇唱段，並撰寫論文、壁報等。

　　因於軍中所擔任之職務非常複雜，不論何項工作需要，無人願意接辦時，就派我上陣：故經歷了文書、副官、政工、步兵、工兵、兵工、運輸、隊史、化學、人事等職務；故兵科一再更改，且因所服務之單位，亦為改編、調動、受訓、生病等因素；雖具軍校十八期、官校高級班二十九期、運校高級班十五期、海軍兩棲作戰等學歷；且每年考績均列前茅；即來台後，明文發布之嘉獎廿餘次，記功十四次、兩功乙次、大功乙次、六星寶星獎章、景風甲種獎章、景風甲種一星獎章、景風甲種二星獎章、仍僅以陸軍中校階，於五十七年四月一日，奉國防部令退役；同學在職者均係將官，這是我"走路要選難路走，挑擔只撿重擔挑"的一生傻勁寫照吧！

　　於58年由桃園大溪僑愛新村106號，遷居台北信義路三段14巷15號，位於國際學舍後方；投入毅成建設公司工作，任機械部主任；該公司前於上海時，即名揚滬市，來台後仍然營業，董事長王夢龍，總經理王德龍，於建築界聲譽甚高，信用卓著，待人熱誠寬厚，同仁等對公司之向心力很強，我亦感如魚得水，亦深知建築業，能帶動各業復興之重要性：數年後辭職，另籌千力企業公司，購三部康固力幫浦車，自任經理，仍係建設機械性的工作。

先後經歷大直橋、調查局、中華電視台、國父紀念館、基隆突堤馬頭、福和橋，榮民總醫院第一及第二門診中心、中正橋、木柵隧道、板橋運動場、台電大樓、希爾頓飯店、高速公路、九份金礦煙囪、並各處大樓、地下道等各種工程。

於大直橋施工期間，時值六十年中秋節，休工放假，我與長子文生留守，上游及當地，忽降大雨，河水暴漲；工務所建於濱江街端之河床，房屋均以竹質編製，水漲至床，搬桌至床，人坐桌上，水至桌上，人爬至樑上，門已被封，魚蛇亂竄，因房屋係竹造透空氣，被困一天一夜，倖能靠蠟燭照明，僅以剩餘的月餅充飢；後潛泳出屋，一直游至新生北路，曾接受記者訪問，電視台即時播出畫面。

於 61 年 11 月，基隆突堤碼頭施工，以兩部康固力幫浦車，實施海底灌注水泥工作，由潛水夫在水底把握龍頭，整天作業，很晚回台北；次晨 6 時騎機車去基隆，至汐止被車撞倒在路上，流了一攤血，多人圍觀，待我甦醒，感覺睡在何處，又冷！又硬！緩緩睜眼，眾人大叫「還活著！睜眼啦！」見一圍觀軍人，我微微招手喚至近前，我有氣無力的對他說…「我是以前基隆港口司令部的彭中校，快救救我；」（因他帶運輸科領章，知係駐附近運輸營的人，以前常調動他們人車作業；）急送至汐止濟人醫院，經檢查左耳流了很多血、腦暈、嘔吐、左鎖骨斷、左上臂骨斷、左版骨裂、左胸骨突起、肋骨斷兩支；午後狀況惡化，手腳冰冷，院方籲速轉榮民總醫院；再檢查救治，至晚 6 時發出病危通知書，經急救幸能保住性命；現迄今已數十年，仍然左肩比右肩低很多，左手比右手短，常常頭暈，氣候變化時，骨傷處即酸痛難忍。

於 63 年福和橋施工時，至下午三時，因上游忽降大雨，河水暴漲，如萬馬奔騰，湍流排山倒海，急速而下，我與四名工作人員，因搶救機械，來不及逃出，被困於河水中，王力行被水沖走，（經二日於下游尋獲屍體）我與四子芸生及二工作人員緊抱住翹起的橋樑材料工字鐵，及緊抱橋墩鷹架，岸上以汽車大燈照明，直至深夜才設法救出，曾登聯合報並電視台播出驚險畫面。

機械灌注水泥工作，是配合工程的進度施工，風雨中，烈日下，日夜不眠不休的趕工，有次在林森北路的工地，在年三十夜晚，整夜趕工，至年初一早上才收工，是一種非常勞累辛苦又危險的行業；工作雖繁忙，精神雖疲憊，而思念母親之心情，卻日益迫切；曾書寫過 "想念故鄉" 的詩以抒情懷。

想 念 故 鄉　　1986 年深秋雨夜

雨水飄落紗窗，好想念我的故鄉…注琼
我在那兒出生成長，渡過快樂的童年時光；
在那裡、有我八十五歲、白髮蒼蒼的親娘，
在那裡、有我叔叔、嬸嬸、舅舅、姑娘…注鎇
髮妻、兒女、親友、玩伴的臉龐，
永遠是，那樣的清晰難忘，
我雖數十年流落異方，
但心早就長了翅膀；

　　＊　　＊　　＊

歷代祖先安息的花園墓場，
供奉祖宗神位的三座祠堂，
村莊周圍的壕溝深廣，
用土堆築的高大城牆，
東門外好大的養魚池塘，
田地裡遍種著麥子高粱；
孩童們遊玩歡笑、長輩們面貌慈祥，
壯男們忙著耕種、婦女們巧手織紡；
那個美好令我嚮往的地方，
就是我永遠日夜想念的故鄉。

注：琼故鄉：祖居河南省夏邑縣東花園彭樓。
　　垃姑娘：鄉俗對姑媽之稱謂。

　　七十七年初開放大陸探親之賜，於元宵節我生日，得返
睽違四十餘年之家鄉，才見到曾列地主、反動派、黑五類屢
遭批鬥之白髮蒼蒼、致腿斷無法行走、骨瘦如柴的母親、能
不感傷跪母床前，相擁哭泣不已；故人已不識，景物也全非：
尤目睹祖祠、祖墓蛛結草叢形同廢墟之淒涼景象，不禁愴然
淚下，有負於祖宗者，亂世歟？劫數歟？仰首飲淚問天，天
不語我；立志獻建兩座祠堂，修墓立碑，并三度纂修彭氏大
族譜；輩序不間斷一百五十一代（不滿十二歲未入譜不列），
正申請族譜輩世不間斷最長金氏世界紀錄(現最長紀錄係孔
氏八十二世)。亦書寫過七十一世祖、大梁王彭越公、一〇八
世祖、唐徵君構雲公、一三三世祖端吾公、一三五世祖舜齡
公、一三七世祖清朝江西、雲南布政使巡撫家屏公之墓誌銘、
專輯、祭文等。

漢大梁王彭越公墓誌銘

越公字仲　匡世英雄　嬴政乙卯　吾祖誕生
秦朝暴政　民不聊生　群雄揭竿　互相爭鋒
公年加冠　投筆從戎　策略運用　所向景從
戰無不勝　屢建奇功　懷王約法　兩路西征
項羽英勇　劉邦梟雄　秦雖滅頂　楚漢相爭
越祖神武　克敵略城　建成侯爵　乙未加封
丙申年間　魏相國稱　漢攻昌邑　公立大功
封大梁王　赫赫功名　討伐陳豨　帝徵公兵
身染疾病　遣將相從　呂后誣陷　三族夷平
流尸堌堆　營造墓陵　忠臣冤死　含恨難鳴
享年五一　乙巳而終　長子同罪　憐哉綏榮
大夫欒布　拜祭亡靈　帝怒命令　油鼎沸烹
欒詞嚴正　責帝不公　前敗彭城　越阻楚攻
咸陽垓下　越均大功　微疵刑重　鳥盡藏弓
蒼天佑憫　公之忠貞　次子綏華　淮陽避凶
三子易祝　遺腹子凌　繁衍播遷　光大吾彭
西漢建昭　彭氏復興　宣公出任　八面威風
長平侯爵　精研易經　代代忠勇　世世菁英
王侯將相　櫛比鱗叢　耕讀傳家　唯孝唯忠
祖訓諄諄　暮鼓晨鐘　勒石永誌　懷念祖宗

公之七十一（夏邑十七）世裔孫　**彭飛** 敬述

二、唐徵君構雲公陵園記

江西始祖　諱曰構雲　鑽研易哲　博大精深
學富五車　朝野敬尊　侍郎刺史　八大賢人
帝相奢弊　忽視人民　袁州掛冠　遠離俗塵
太守李璟　如實奏聞　玄宗禮賢　迎以蒲輪
錦衣玉食　待若上賓　銜加光祿　禮部奉欽
俸食廬郡　浩浩皇恩　敬謝不敏　賜號徵君
副衣賜贈　聖意摯忱　專使護歸　上表謝申
閒雲野鶴　避居宜春　寶巖垂釣　樂道安貧
高風亮節　儉樸純真　享年五三　福地安身
九龍朝陵　丹鳳拱墳　后裔繁茂　千枝萬蕣
遍佈各地　芸芸殷殷　顯達榮貴　櫛比叢鱗
祖德蔭庇　後代子孫　敬步先賢　感念先人
祖靈祐引　廬宜尋根　墓臨懸崖　危殆萬分
跪難容膝　祭難納身　奔走呼籲　奉告宗親
一呼百應　萬眾一心　爭解孝囊　修建園林

構雲公三十九世夏邑十七世裔孫 **彭飛** 謹叩

公元二〇〇七年清明日立石

　　建江西始祖唐徵君構雲公祠，曾書彭祖貫頂對
聯，鐫列於祠柱，因構雲公係彭祖一〇八世，故對聯
一〇八個字：寓一〇八世，上聯以歷史為經—線型，
下聯以地理為緯—面型

· 彭氏歷經，唐虞夏商周、春秋戰國、秦漢三國、兩
　晉南北朝、隋唐五代、宋元明清、民國迄當今、望
　隆神州、廿餘朝、鬱鬱蔥蔥、年代久遠、根深葉茂。
· 祖裔分佈，蘇皖鄂湘隴、秦晉新疆、豫閩兩廣、三
　吳前後藏、滇黔四川、冀魯滿蒙、台灣暨港澳、祥
　發世界、卅多國、浩浩蕩蕩、方域遼闊、源遠流長。

三、方伯公家屏府君墓碑銘

巍巍我公	赫赫名臣	浩浩正氣	耿耿赤心
孝悌其本	忠信其根	修齊維德	治平唯仁
少掇科第	壯撫疆圉	臨政煦煦	育民殷殷
風化熙熙	良吏循循	六事咸修	百僚同欽
湘贛滇寧	所至逢春	澤及婦孺	惠遍黎民
論政如阜	懋績如雲	口碑載道	甘棠垂勛
恬退歸隱	瞻族恤鄰	建祠修譜	克台邦心
知民疾苦	委曲上聞	扶困濟危	節用愛人
迎鑾請賑	觸忤讒臣	媒孽成讞	皂白難分
一帛星殞	三字冤沉	天心未泯	評說有人
往事難誣	沉冤當伸	忠烈共仰	南北同尊
北洋昭雪	廟食常新	南京立傳	褒公英魂
天目如鑒	報公頻頻	瓜瓞綿綿	棠樹蔭蔭
紹緒承志	萬枝千蕁	雖握左券	遺憾長存

公之十世孫 **彭 飛** 1997 年清明節立

四、為修譜建祠事告慰家屏公祭文

丁丑清明不孝飛為修譜建祠事，泣血跪祭，告慰於青原公在天之靈：

嗚呼！吾祖！少而穎脫，壯而鷹揚，光明磊犖，忠義滿腔。

魁奪京闈，賢明播於遐邇；藩撫閩外，德政垂諸甘棠。藏潞紀，補史志之闕；貯變略，溢汗青之香。

雲公墓碑，盡孝思於先祖，致力祠譜，彰風化於豫章；豫東災重，念念民於水火，迎鑾請賑，心系拯救梓桑。誰料，觸忤當道，竟折棟梁。

媒孽成讒，星殞三尺之帛，禍罹統記，書焚炬之愴惶；三字獄成，河帶恨聲傳萬里，一家器罷，蒼生涕泗匯湯湯；惟以「儒承道統」，亦悼亦辯，敢藉「世衍心傳」，鄉以祭掃，稍紓拮据，復謁陵而焚香。置林建祠，挫而彌堅，敦族修譜，義無傍徨。

正仲爽公之名，彰隴西郡之堂；溯少典於開派，理百裔於一章；恭勘虔校，錄名文以彰華，慎刊精幀，梓影圖以增光；駑鈍耿耿，弘統記之規模；痴愚念念，闡傳志之辭章。祠譜竟矣，倚眾志而成城；祖德彰焉，寄百世以流芳。

嗚呼！吾祖英靈，聊以藉慰，不孝匍匐，饗我蒸嘗。

度必，雖芹藻亦猶珍餚，借第，即清泉而勝瓊漿。

心之悠悠，如醉如痴，不知所云：嗚呼！哀哉！

伏　維

尚　饗

豫夏十七（公之十）世不孝孫　飛　泣叩

註：構雲公三十世家屏公，任江西布政使（省長）巡撫時（公
　　元 1743—1751）曾修建廬陵（吉安），宜春彭氏九一，構
　　雲公兩總祠，表墓，立碑，纂“大彭統記族譜”，就因
　　用「大彭」被和珅誣比「大清」奏乾隆賜死，譜列禁書
　　查焚「豫劇彭公案」即公一生事蹟及被害經過實情。該
　　譜查焚前，由江西宗賢，夜聚拆抄五本，後之宗賢帶往
　　湖南，贈予銅塘學校，任教之彭述公，號百鈞氏（曾編
　　著《彭氏類編雜說》），經八年考証，又修成一部《彭氏
　　青山敦睦譜》。

五、恭讀《彭氏類編雜說》感讚

（該彭氏類編雜說現典藏於中央圖書館〔今
國家圖書館〕三樓善本室分簡略、繁複本）

　　雜說、非雜，諸子百家之名論也；自漢武納仲舒之
議，至明清十三經取士，皆尊儒術以為正，因稱雜說焉。

　　公以兄弟同登之顯，越儒術禁錮之外，選百家名
論，分類成編，以示夫子孫者；不惟見其學識淵而尤博，
見地高而尤遠，亦見其用心，尤其良苦也。

　　或曰：何以見之？

　　貴以實用而不泥於儒術，是其博也；著眼未來而不
拘於科舉，是其遠也；於浩瀚書海之中，廣羅而細析，
去粗以存精；分門而別類，對症以施藥；非洞明真諦，
居高見瓴，何以成集哉！

　　類分則眉目清，示夫子孫，免其繁瑣，假夫時日，
研之，益智以明理；用之，事半而功倍。冀雲礽，延我
書香，避迂腐，光我門第；此　公之厚遺於子孫也。

　　雜說、非雜，天文、地理，修齊，治平，無所不包，
龐雜博大之謂也；巍峨書山，孰臻其巔？層巒疊嶂，誰
悉其徑？類分、則路標現矣；便世人取其捷焉！省以時

日，蓄其精銳，閱之有的皆中，用之無堅不摧，其價值同於典憲，而勝於憲典也；此　公之造福於世人，豈直子孫哉！

雜說、非雜，摯灼之明見，切實之正論也；真理存焉！編之難能，分類尤可貴也。

於今，百家之說，如明珠之出土，經世濟民，熠熠生輝，愈見斯集之璀璨奪目焉！以此論之，吾公於儒術羈絆之中，而倡百家之學，其見地、功勛，何異韓、柳、方、姚乎？

　　　　構雲公三十九世悠久公十七世裔孫　　**飛**　恭讚

讚　曰：

國有寶璧，隱諸璞中，和氏不出，價何連城？
氏有珍集，泯於館藏，恭謹影刊，益我書香。
修齊治平，益智明理，謹研慎讀，放矢有的；
毋玩毋怠，克繩祖武，毋替毋忘，用心良苦！

　　　　雲公三十八世豫夏十六世孫　　**思韜**　讚

原籍村中有豫劇班，自幼耳濡目染，故嗜好豫劇（河南梆子），於軍中亦編設有豫劇團，我學會拉、打、唱之技巧，年輕時曾經數次粉墨登臺粧扮成旦角（時極少女性登台坤角皆男性粧扮），客串票唱過“大登殿”、

"七仙女"、"斷橋亭"、五鳳嶺 "、"伍子婿保娘娘"等戲碼；來台後曾與至交王立忠上校，編寫過"豫劇凱歌歸"、獨自編寫過"彭公案"、"岳飛傳"二齣豫劇，劇本均贈送海軍飛馬豫劇團（現為國劇豫劇團）；"凱歌歸"一齣，豫劇團曾於台北、紅樓劇場由張岫雲、王海玲等上演過，亦曾於 1984 年，藝文競賽戲劇演出；"岳飛傳"兩齣（待續），彭公案五部十七齣八十四幕，共三十八萬多字係家屏公事蹟在原籍成立彭氏豫劇團，購置戲箱、文武場物品、音響、活動戲台，多次上演過；於豫東一帶很受歡迎，各縣市爭相邀演。

　　母於八十三年臘月逝世，聞訊由臺趕返奔喪，在我出生（母難）日出殯，并以父之空棺陪葬，曾以輓聯表達心中哀傷…

- 父恩如天高、奈幼小不記爹、想爹念爹、
  終身難見爹、盼爹歸回；
- 母愛似海深、竟長大未顧娘、離娘遠娘、
  一生少養娘、望娘安息。

　　一生為救國家盡忠流血流汗，為報祖恩盡孝費財費心，為愛四季如春，風和日麗之寶島，竭盡心力建設台灣，這生活大半世之美好地方的建設，數次險丟性命；亦愛住在這個地方之同胞，因我們生的根相同，我們流

的血相同，我們受的文化相同，我們生活習慣相同；兒
已娶台籍之女，女亦嫁客家之男，孫輩已成群；時過的
越長越久，根紮的越深越廣；現我已九十四高齡之風燭
殘年，能割捨兒孫親情而離去？況已不能適應，大陸氣候
之變化，勢之所趨，留台怡養較妥，亦為心之所願，奈處
於族群歧視，政治相爭之環境，又於心難安；何去何從？
難定行止？僅以打油俚語數則，以表內心之感慨…

感　慨

（一）

人生一世等蜉蝣，
二三喜樂八九愁；
十分失意少成就，
轉瞬黑髮變白頭。

（二）

命運如何難預期，
輾轉寶島築巢棲；
男孩聘娶閩南女，
女兒嫁作客家媳。

（三）

滄海孤舟任漂泊，
兩岸停靠費蹉跎；
茫茫前景難把握，
聽天由命奈如何。

（四）

情同手足似寇讎，
族群相煎何時休；
攜手共解人民苦，
何分地瓜與芋頭。

老兵**彭飛** 2017 年 6 月再刊于新竹市
本文已入選并得獎刊登聯合報及電視台播出頒獎畫面，
於 2009 11 月刊登於"紮根台灣六十年"，第三冊（共五冊）
905—917 頁列國家圖書館出版品

六、獻醜半籮筐——拙作　　2017.06.26

一、書籍類：	1.豫夏第六屆"彭氏大族譜"	1990
	2.豫夏第七屆"彭氏大族譜"	1997
	3.豫夏第八屆"彭氏大族譜"（上、下兩冊）	2009
	4.江西始祖唐徵君構雲公專輯	2007
	5.豫劇"凱歌歸"（與王立忠先生合編）	1983
	6.豫劇"岳飛傳"	1990
	7.豫劇"彭公案"(五部，17齣，84幕)	2011
	8.過眼雲烟	待刊
二、論文類：	1.人類演進三皇五帝之認知中華始祖之定位史料略述(刊豫夏八修族譜)	1997
	2.溯中華民族—炎黃華夏源流，考氏之開派始祖(刊豫夏八修族譜)	2009
	3.朝代興替與彭氏列祖世代源流對照表(刊豫夏八修族譜)	2009
	4.彭氏受姓始祖彭祖之出生年暨構雲公至延年公之代距分析(曾向世彭大會提案)	2010
	5.景直公與構雲公之關係暨家屏公纂修族譜之曲折過程略述(提供桂林召開之彭祖文化及彭氏源流研討大會)	2006
	6.寶藏，恭讀"彭氏類編雜說"感讚(刊構雲公專輯)	1996

二、論文類：	7.江西尋根祭祖(刊構雲公專輯)	1998
	8.編修族譜感言（曾刊彭氏宗親會訊第二期）	1990
	9.尋根─大陸行（曾刊彭氏宗親會訊第三期）	1991
	10.江西始祖唐徵君構雲公祠、墓修建始末記(刊構雲公專輯)	2007
	11.彭構雲公總祠紀念章圖及考(刊構雲公專輯)	1998
	12.孔子祖籍河南夏邑（曾刊中原文獻 26 卷第二期）	1993
	13.夏邑縣沿革及變遷略述（曾刊河南同鄉會刊第三十六期）	1993
	14. 小說彭公案與清方伯彭家屏公探考	1996
	15. "小說彭公案"作者，主人翁與成書時間考證（曾刊中洲劇藝 53、54 期）	1997
	16.好大一項 "臆改構雲公身世" 的沉重帽子(刊世彭會訊 24 期)	2012
	17.為國盡忠、為祖盡孝、為台盡力一生三部曲（曾刊 2009 年紮根台灣六十年第三冊）	2013 再印
	18.彥昭公生平暨十妻生育十五子之序列(刊世彭會訊 26 期)	2013
	19.讚佩二屆總會長鈺明宗長	2015
	20.頌廬陵、讚夏邑	2015
	21.讚佩理事長誠晃宗長	2016
	22.我編豫劇彭公案之動機暨過程	2016

二、論文類：	23.初生之犢不怕虎，台兒莊抗日殺敵	2016
	24.面對蔣公告御狀	2016
	25.我裝運二四〇砲之經歷	2016
	26.榮民一生憶往	2016
	27.彭氏重大蒙冤歷史	2017
	28.豫夏彭氏祖系源流播遷之歷史記要	2017
	29.拙作半籮筐	2017
三、墓志銘類：	1.漢大梁王彭越公墓志銘(刊豫夏八修族譜)	2008
	2.江西始祖唐徵君構雲公墓陵園記(左右兩石、墓碑對聯)	2006
	3.豫夏四世祖端吾公墓志銘(刊豫夏八修族譜)	2009
	4.豫夏六世祖舜齡公墓碑銘(刊豫夏八修族譜)	2012
	5.豫夏八世祖家屏公墓碑銘(刊豫夏八修族譜)	1996
	6.豫夏十六世道遠府君墓碑銘(刊豫夏八修族譜)	2004
	7.預自撰之墓碑記（效法汝南天中山駐馬店顏真卿自撰墓誌銘）	2013
四、祭文類：	1.為立墓碑告慰大梁王越公祭文	2014
	2.謁陵告祭文(刊構雲公專輯)	1998
	3.江西謁陵告祭文(刊構雲公專輯)	1999
	4.盧陵栗山叩阡祭文(刊豫夏八修族譜)	1999
	5.構雲公祖祠重建落成奉安神位祭告文(刊構雲公專輯)	2000

四、祭文類：	6.赴江西二度祭祖歸來祭告豫夏列祖列宗文(刊構雲公專輯)	1999
	7.清明祭祖劇演 "請賑風波" （千古奇冤）告祭文 （刊構雲公專輯）	1998
	8.為修譜、建祠事告慰青原（家屏）公祭文(刊豫夏八修族譜)	1996
五、詩詞類：	1.彭族歷程（構雲公系、刊構雲公專輯）	1997
	2.家屏公修盧陵九一彭氏總祠碑文詮釋(家屏公作詞、彭飛詮釋)	2009
	3.遷方伯(家屏公)墓於祖塋詩(刊豫夏八修族譜)	1997
	4.懷念故鄉(刊豫夏八修族譜)	1986
	5.憶故鄉、念先祖(刊豫夏八修族譜)	1989
	6.初戀	1948
	7.戀	1948
	8.月光曲（絃、笛演奏）	1948
	9.十二個月大鼓詞	1950
	10.跳蚤寫真	1950
	11.臥病呻吟	1950
	12.愛之債	1955
	13.為了甚麼	1956
	14.心之聲	1956
	15.我……妳……	1961

	16.別離	1968
	17.當你知道	1969
	18.夜嘆	1969
	19.真正的溫暖	1969
	20.走	1969
	21.盼	1970
	22.找不到光	1976
	23.愛的盡頭	1976
	24.怕	1976
	25.望（妄）想	1976
	26.夜班遇奇	1985
	27.談駢，佳宗文定誌喜（賀外孫女文定）	2001
	28.懷念思韜叔(刊豫夏八修族譜)	2004
六、歌曲類	1.彭族史歌(湖南系)	2007
	2.彭族史歌(粵潮系)	2007
	3.彭族史歌(河南系)	2007
	4.修建構雲公墓陵歌	2013
	5.讚美歌(讚誦憶聲集團董事長彭君平宗賢)	2013
	6.讚美歌(讚佩理事長誠晃宗長)	2016
	7.過年歌	2016

七、貫頂、藏頭嵌名類：	1.大梁王彭越公墓碑對聯	2006
	2.彭祖貫頂對聯（鐫刻江西宜春重建構雲公祠柱，並刊彭氏宗親會訊十七期、大宗祠祭祖特刊、宗親總會特刊）	2010
	3.父母千古哀禱輓聯	1995
	4.獻建……編修……對聯	2009
	5.水井、嵐岩、藏頭、捲尾詩（赴桂林開會訪問嵐岩宗親水井壓汲井水即景寫）	2006
	6.藏頭、隱尾詩（刊於"豫劇彭公案"第一部第二齣劇 068、069 頁）	2011
	7.諧音詩（刊於"豫劇彭公案"第十部第十一齣劇 538 頁）	2011
	8.藏頭詩：	
	(1)賀預祝馬市長主席當選主席總統(來新竹謝票會中書大紅海報)	2005
	(2)馬英九蕭萬長高票當選總統（競選大會書寫大紅海報，馬英九簽名留念）	2008
	(3)鄧進勇兄前途光明（健瘉出院宴送寫於酒後致贈）	1995
	(4)彭統彬兄馬淑君嫂永遠相愛	1996
	(5)張志傑兄壽比南山（八三大壽）	2005
	(6)蕭幹國君福祿壽禧（八十大壽）	2003
	(7)呂福田君壽比南山（八十大壽）	2003
	(8)"花言草語"（女榮真經營"花言草語"商店開幕）	1999

	(9)曾素華同學祝福您（代張太太顏淑寫贈）	2005
	(10)張雪君妹永遠美麗前途光明(祝住紐約義妹)	2006
	(11)讚劉政鴻縣長廉能（讚苗栗縣長廉能）	2008
	(12)談驊家暉花好月圓永遠相愛（外孫談驊家暉戀愛）	2009
	(13)曾主任蘭香能高票當選（祝培英中學教導主任競選市議員）	2010
	(14)"奇花妙草"（賀婿鄭熙新書"奇花妙草"出版）	2010
	(15)"似水詩文"（賀謝志榮先生新書"似水詩文"出版）	2012
	(16)劉芬珍黃煥成永遠相愛（祝新竹台中銀行劉芬珍夫婦）	2013
	(17)江育靜范揚平永遠相愛（祝新竹渣打銀行江育靜夫婦）	2013
	(18)鄭發潤兄安息輓聯	1998
	(19)讚佩二屆總會長鈺明宗長	2015
	(20)祝賀惠圓理事長	2016
八、重要提案類：	1.為修建江西始祖唐徵君構雲公祠墓案…(已修建完成)	1997
	2.為貫徹研討世彭會所提難解議題之未決案…「彭祖之出生年暨構雲公至延年公之代距」(迄未決)	2012
	3.為祖大梁王彭越公廟宇復像陵墓恢復、立碑確保古蹟案…(進行中)	2015

九、豫劇、唱段類：（自編、自拉、自唱）	1."彭族歷程"豫劇唱段（夏邑清明節祭祖後演唱）	1994
	2.苦命的親娘（錄音寄母聽）	1987
	3.要飯（步校晚會飾演老婦帶孫女沿街討飯記）	1956
	4.賀張志傑學長八十大壽宴中	2002
	5.八十壽誕邀宴親友同學家人宴中	2003

遇　順　境

處　之　淡　然

遇　逆　境

處　之　泰　然

呈現拙作半籮筐

雞毛蒜皮麥米糠

老臉不畏人議論

茶餘飯後笑一場

七、獎章獎牌暨

九十高齡母壽捐資修建祖祠

(一)六星寶星獎章一座

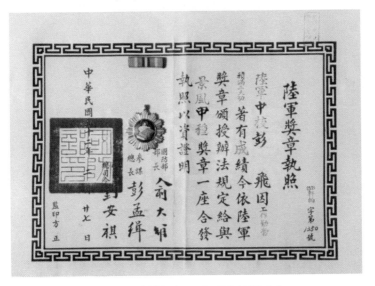

(二)景風甲種獎章一座(獎章遺失)

(三)景風甲種一星獎章一座(吊飾遺失)

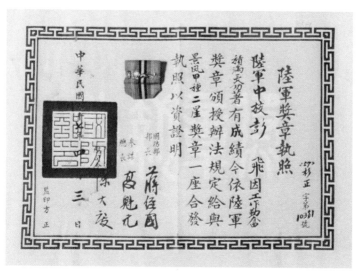

(四)景風甲種二星獎章一座(獎章及佩飾遺失)

(五)母韓氏九十大壽

(六)彭飛及其九十高齡老母捐資修建祖祠

(七)河南夏邑東祠舊貌

(八)彭飛陪母參觀修祠

(九)河南夏邑新修東祠鳥瞰

(十)河南夏邑新修北祠列祖入祠儀式(中捧像者：彭飛)

(十一)江西宜春唐徵君構雲公祠舊貌

(十二)江西宜春新修唐徵君構雲公祠三楹彭飛：彭飛撰

(十三)夏邑八世家屏公立構雲公墓碑文革時斷裂三節

(十四)于公元 2007 年清明新修竣工構雲公墓

(十五)彭飛第三次纂修彭氏大族譜(上、下兩冊)

(十六)1984 年飛馬豫劇團演出競賽戲「凱歌歸」海報

編劇：王立忠、彭　飛

(十七)彭飛編著：豫劇彭公案

(十八)彭飛編著：豫劇岳飛傳(少年岳飛)

(十九)彭飛編著：江西始祖唐徵君構雲公專輯
憶聲電子公司董事長彭君平出版

(二十)台灣區彭姓宗親贈彭飛金盾

(二十一)祝馬英九 蕭萬長高票當選總統貫頂海報上簽名

(二十二)馬英九高票當選總統來新竹舉行感恩茶會

(二十三)彭飛撰書：彭族歷程

(二十四)抗戰勝利七十週年紀念章

(二十五)台灣彭氏宗親總會頒贈功績勳章

曾參與各項國家重大建設，高齡92歲仍致力書寫昔日參戰過程保存史蹟，彰顯榮民保家衛國之光輝歲月，卓有貢獻。熱心公益，默默付出，回饋社會不求回報。

(二十六)紀念抗戰勝利大會表揚(一)

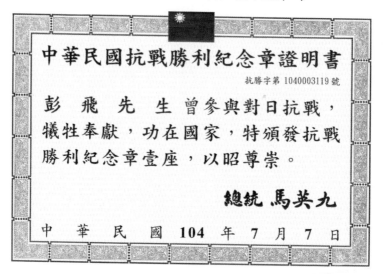

中華民國抗戰勝利紀念章證明書

抗勝字第 1040003119 號

彭 飛 先 生 曾參與對日抗戰，犧牲奉獻，功在國家，特頒發抗戰勝利紀念章壹座，以昭尊崇。

總統 馬英九

中 華 民 國 104 年 7 月 7 日

(二十七)紀念抗戰蹟大會表揚(二)

(二十八)台灣彭姓宗親總會頒終生奉獻獎

(二十九)彭飛來台前之照片　　(三十)彭飛退役時之照片

1968.04.01

(三十一)彭飛九十歲生日照 2013 元宵節

附　錄　一

讚佩鈺明宗長

　　緣于一九九〇年，在臺北市編修構雲公，河南系第六屆彭氏大族譜時，赴印製廠偶遇鈺明宗長，亦在該廠印制苗栗彭朝寶宗系族譜。朱銘龍廠長是鈺明之同學，亦是我之好友，在他的介紹下，確有一見如故之感；結下了族情宗誼之緣。使我在彭氏文化、歷史、源流的探討認知上互相研究，彼此切磋，實受益匪淺；長達二十五年之交往，更對他爲祖上盡孝、爲氏族盡力、爲族務犧牲、爲宗親付出、始終嘔心瀝血，竭力以赴之精神，我確感佩至深。

　　他好像運轉不休之機器人，用不盡之精力、體力、而活力不減的燃燒自己照亮別人。確是氏之瑰寶、族之佼佼；且具有像吸鐵石之磁力，把宗親緊緊的凝聚在一起，在他主持苗栗宗親會，或第二屆臺灣彭氏宗親總會，均能達到承先啓後之豐功偉續。族務皆呈蒸蒸日上之勢，處處彰顯出彭氏興盛蓬勃之景象。

　　建祖祠、修族譜、崇國學、興詩社，曾獲政府頒獎明令表揚之殊榮；復以"人和家興"，"族和國興"的哲理精神感召，惠及宗族、惠及社會、惠及世人，令人欽敬，感佩不已；他的大愛不但能爲氏族、社會効力，還能將愛惠及老樹之生命，發明以注射點滴之妙法，挽救漸漸枯萎中之老樹生機，而能引起世界各國効法；他謙稱爲愚公，卻有愚公移山之精神與毅力，我體會他亦確有大智若愚之涵養與氣質。

　　前我提修建江西始祖構雲公祠、墓案、蒙他大力支持，勇任修建祖墓委員會執行長，出錢、出力、勞心、勞神、與君平、文正宗長精心策劃執行，終于二〇〇七年之清明節，完成構雲公；一座氣勢雄偉、巍峨壯觀的祖陵墓園，吸引海內外宗親，紛紛組團絡繹不絕，至江西宜春祭典，瞻仰眾志成城之成果；丹鳳拱墓、九龍朝陵、氣勢非凡之景觀。

　　近又爲我提修復彭氏七十六世祖，大梁王彭越公之陵墓，廟像案；復蒙他竭力鼎助，與君平宗長，邀請各縣、市理事長、宗賢，商討修復計劃，并會同紹賢總會長、嘉肇理事長、赴世彭會，連絡海外宗親會，僑胞單位支持聯署；函大陸國務院、華僑業務機構、進行修復工程；我蒙情、我感

佩之心難以言表，祇有誠懇的祈禱列祖，多多保祐，賜福祂
傑出的賢孫 —— 彭鈺明

感　贊

彭氏宗族彭城興，

鈺質瑰寶稱愚公，

明珠照耀世彭姓，

宗氏佼佼著名聲，

長理會務慶成功，

贊興詩社樹醫生，

美名傳揚海內外，

您係氏族光明燈。

宗愚 **彭飛** 于新竹市2015.12.12

附 錄 二

讚佩理事長誠晃宗長

　　理事長誠晃宗長，是一位德高望重，學養豐富，心胸開朗、和藹可親之卓越領導者；他生活規律、喜愛高爾夫球運動、唱歌跳舞更是精采，故有健步如飛之健康體格及幸福美滿之家庭，又有水牛出版社，成功之事業；尤對祖上盡孝、對宗族敬尊、熱心宗族之事務；於百忙中，仍能奉獻時間、精力、體力、財力、在有功無獎賞、無過有批評之兩任理事長任內，任勞任怨、竭力以赴、克盡職責，領導宗親會，使會務井井有條，蒸蒸日上；倡導慶祝鑽石婚、金婚、銀婚紀念，一年四度舉行生日宴會，多麼有意義、有價值、有感性之情事；故深受宗親之敬愛與擁護。

　　我數十年研究彭氏之歷史、源流、文化，小說彭公案亦在其列項目，發現武俠小說彭公案、與類似之包公案、海公案、劉公案、施公案、有極大之不同點；即其他公案小說，主人翁及作者，均是真實姓名，唯彭公案之主人翁彭朋是化名，作者貪夢道人亦係筆名；而引起我之好奇心，彭氏這樣一位家喻戶曉之大清官，究竟是哪位祖上？我產生強烈之使命感；經虔誠地反覆潛心研讀小說彭公案，竟在章回前之詩詞、字里行間之點滴、故事之論述、得到了啓示；尤用諧音之示，掩飾之詞、相反之意、隱匿之語、所掩蓋歷史實情之啞謎底蘊，予以揭曉；再證以國家檔案及族譜記載之真憑實據，彭公案之主人翁彭朋，足證係構雲公三十世，任江西佈政使兼巡撫彭家屏之化名（曾修構雲公墓立墓碑、建廬陵及宜春兩祖祠），作者貪（談）夢道（說）人，即爲四川按察使王廣文之筆名；家屏公曾兩度力保救過王之性命；公爲災民請賑，得罪清籍權臣和珅等，以公所著"大彭統記族譜"，和珅用大彭、大清相比設陷，誣奏乾隆，被賜白綾自縊獄中，族譜被查封焚毀；王至獄外設祭跪拜，指責昏君，辱罵讒臣而被通緝，王逃至淮南，夜宿古刹，日說評書謀生；後將書稿整理，爲恩公彭家屏，以筆名寫了一部隱匿化名公之清官頌---"小說彭公案"留世（見豫劇彭公案扉頁篇○○三頁"前言"，附錄篇○一○頁"論家屏公纂修大彭統記族譜之曲折過程略述"，○二九頁"小說彭公案的作者，主人翁與成書時間攷析"三文）。

　　我堅決立志，以家屏公之仕歷，忠貞愛民之事跡，爲災民請賑受害之經過實情，編寫了一部三十八萬多字之"豫劇彭公案"；持稿請昱棠宗長代覓出版商，始知誠晃理事長，即水牛出版社之董事長，蒙他爽快應允印製；且邀請眾宗親慨解義囊相助，印成設計精良，品質優美，而能揭露小説彭公案之作者主人翁爲何用筆名、化名之原因；并掩蓋家屏公，爲災民請賑受害、歷史真實之書籍；頒發予參加宗親大會之宗親，贈予海外來訪之宗僑；并以成本價，分予各縣市宗親會；贈中央圖書館，讓眾宗親、世人均能明瞭彭氏大清官。家屏公於君權專制時代，所遭遇不合情理之千古奇冤；使我對誠晃理事長及眾宗長，敬致萬分之感謝；現於渠謝任移交之宗親大會上，再以蘇武牧羊調，譜一曲對誠晃理事長之讚美歌，聊以表達寸中之深深謝意。

九三宗愚 **彭　飛** 2016.02.16于臺北市

貳、哀思告別

告別式禮堂

家屬致哀禮

家屬致哀禮拜

台北市彭氏宗親會參加告別式

台北市彭氏宗親會參加別式

彭氏宗親總會會長彭
鈺明代表祭拜致哀詞

家屬禮堂合照→

台北市將士公墓

國軍將士靈位

叁、彭飛生活照

彭飛著《彭公案》及書法

肆、臺灣子女

家 庭 照

文生

美真

芸生　愛生

恩生

愛真

筱眞

縈眞

要敬愛祖宗

安徽碭山宗親會

族侄彭世甫

安徽宗親於梨樹王合照

安徽碭山团民宗親

河南夏邑宗親會

在夏邑宗親清明祭祖講解祖宗事跡

伍、大陸子女

二哥文杰全家福

大姐桂真全家福

姐夫姐姐

二哥文杰與子女留威、二煥

孫子留沖全家福

曾孫心安、心平

孫女二煥賢劍全家福

孫女留允全家福

孫留可及女兒若清

彭飛及孫留可夫婦

陸、臺灣宗親追思文

今生的古人，夏邑的彭老

臺北市彭氏宗親會榮譽理事長

彭 文 正（東湖）

2020 年 3 月 22 日送彭老飛公，正值全球新冠肺炎疫期，台北一殯追思禮拜隔外寧靜，飛公一生為國為祖為公，盡忠盡孝盡力，與世無爭，不求聞達，為人處世有古人風，有現世情，拾得人生精彩的三部曲，十分的令人感佩與不捨。

彭老飛公為豫夏一世祖悠久公之後裔，明成化年間，悠久公由江西廬陵(吉安)祖遷河南夏邑，父道中公在北伐戰役中陣亡，飛公時年不足一歲，又因七七事變日寇入侵，飛公年十幾拜別母親韓氏，投筆從戎，前後歷經抗戰、共戰、徐蚌戰役、東山島戰役、金門防衛，一生軍旅生涯奉獻黨國 32 年，盡忠職守，功勳彪炳，民國 57 年自國防部陸軍中校退役。

　　彭老飛公才氣洋溢，古學今用，軍旅生涯中，雖身心飽受戰亂疾苦，但飛公愈挫愈勇，求知慾更加旺盛，不斷精進充實學養。而且十八般武藝樣樣精通，辭、賦、詩歌、戲曲、小調、民謠、並且在豫劇中也學會拉、打、唱之技巧、數度粉墨登場、藝旦公演。在豫劇中《彭公案》《岳飛傳》等皆出自彭老飛公可歌可泣之編撰。文創內涵，真情實感，宗族之光。

　　彭老飛公志節彌堅，熱愛宗親，數十年參與宗親會聯誼活動不遺餘力，1995 年理事長在職時與飛公結成千年族親，忘年之交。飛公欲步夏邑銀台公之後塵，承青原公之遺志，奉列祖列宗之感召，踏遍族落達三疆，跋山涉水，尋根尋譜，敦睦兩岸宗誼，十訪宜春厚田為族事奔波，出錢出力，竣成江西唐徵君構雲公祠修祠，同時又再訪宜春下埠鄉袁子山，為構雲公墓陵整建工程暖身。

　　　感懷先祖唐徵君構雲公。
　　　皇詔迎京公三辭、斯士斯民，志節彌堅。
　　　隱釣山林寶石嚴、震山岩記，永留宜志。

　　千年族跡，1999 年 6 月理事長文正率同臺灣三縣市 10

位宗親，宜春尋根尋祖行，稟向袁子山雲公祖墓祭拜，跪讀祭文時，天顯異象，雲公顯靈袁子山在大雨中陰轉晴，冥冥中先祖意有所指正付託裔孫使命，親皆稱奇，當年飛公擔心雲公祖墓頻臨岌岌危殆之懸崖，寢食難安、日夜難眠，愴然淚下啟請宗親會，得願有生之年雲公祖墓整建工程能早日促成。在飛公期待下構雲公墓陵整建工程委員會於 2004 年在台成立。文正擔任主任委員，飛公為副主任委員，積極推動函請海內外及台灣各縣市宗親會鼎力支持，慨解孝囊、族親一心、積沙成塔、終於在 2007 丁亥年九九重陽日構雲公墓陵整建工程圓滿竣成。在墓碑左右兩旁飛公親撰構雲公陵園記、墓碑左右飛公題聯

徵君墓陵九龍聚首勢傳揚四海

雲公園陵丹鳳拱托資稱頌五州

今告慰雲公先祖於九天、了却飛公安心長眠耆宿之願。

　　彭老飛公，為孝盡祖，幼小失爹，想爹、念爹，為國盡忠，離娘、遠娘、愛娘，一生順境淡然、逆境泰然、淡泊無求、明達公正。一代宗老為祖為宗，終身奉獻、祖佑廣被，98 高齡悄然離去，留給族親永遠的感佩與懷念，祈願安息，福澤隴西子孫，根深葉茂、乘願再來。

彭飛老宗長追思文

臺灣彭姓宗親總會榮譽理事長

彭鈺明

中華民國 109 年，西元 2020 年 3 月 22 日，是普受我彭族宗人敬愛尊崇的 彭飛老宗長告別人世，追思禮拜的榮典吉日，適逢瘟疫險峻，依囑簡約行事，謹由臺灣彭姓宗親總會總會長泓瑋、名譽會長君平、榮譽會長鈺明、副秘書長成助、臺北市彭氏宗親會榮譽理事長文正、宗基、誠晃、代表維熙、昱棠等表達緬懷、追思至忱。近 30 載追隨老宗長的晚生鈺明，在彭飛老宗長榮歸主懷的此刻，謹綴數語，以概述老宗長豐碩又精彩的人生歷程：

公生於豫夏河南，天賦資優、少逢戰亂、隨軍渡台、患難成家、寶眷逾百，俊秀盈門，解甲榮民，工程立業，輝煌有成。您窮畢生心血，戮力為彭族，樹立了盡大忠、行大孝的崇高典範，也因此促成了世界大彭氏族團結盛況。

第一、30 多年前您整編「豫夏彭氏族譜」，鈺明也為編印「彭朝寶宗系族譜」，巧於臺北某印刷廠與您結下深緣，因此受您激發了晚生慎終追遠的熱情及動力。

第二、1998 年您修建一千二百年前江西始祖構雲公祠堂的壯舉，繼於 1999 年發起重修「構雲公陵墓」，得文正理事長及憶聲集團君平總裁主導襄助，歷盡艱辛，終於 2007 年完成。

第三、由於老宗長專注搜集族譜史料，於世彭大會族譜研究會，彭會資教授主導各國專家研討彙整，歷經十多年期間，您以所保存資料，對世代爭議提出申論，也因您堅毅精神，促成時任臺彭總會長的鈺明，於 2013 年遠赴江西、廣東各代祖陵實勘定位及考證，更以奇妙因緣，並得力於彭麗媛宗姊扭轉乾坤般神助，始得以讓三世祖諒公墓陵仍屹立於廣東興寧「飛天蜈蚣」龍穴，長佑彭族興旺。

第四、為了平反清乾隆欽差御史「彭家屏公冤案」，您完成了彭公案鉅著，交台北市彭會發行，自費於河南展演豫劇，洗刷祖冤。

彭祖享長春八百遐齡綿世澤、雲公徵大德千文旺族叩天恩。老兵不死，只是凋零。彭飛老宗長畢生為彭族的貢獻，堪稱一代偉人。願您安息主懷。祈願我大彭氏族「八百長春」的美譽，永如長城巨龍之姿，與日月同輝。

臺灣苗栗彭鈺明敬筆叩上

2020.03.22 晨

德孝兼備的長者 ── 彭飛宗長

臺北市彭氏宗親會第 21 屆理事長

彭金明

德為人之所本，孝為心之感恩；凡重視善盡孝行者，必人格品德高尚之人。盡孝始於事親，進而慎終追遠。故溯源報本，懷念祖恩，則為孝道之美德。

彭飛宗長，就是一位德孝兼備的一位耆老，享壽九八高齡離世，自公元一九六八年職場退休後，即從事彭氏族譜資料之蒐集，族史之探討，族譜專輯之編修，並致力於列祖祠、墓的修建，以供後世子孫懷念景仰追思。那堅忍的信念及孜孜不倦的情超，實在令人感佩不已。

認識彭飛宗長，是在民國九十年，台北市彭氏宗親會，理監事聯席會議上，時任顧問之職的他，手拿一疊文稿，大聲訴說彭氏大族譜之源流，令我耳目一新，之後的每次會議，都能聽到彭飛顧問針對彭氏族譜修訂的發言，重新了解到彭氏宗族的源遠流長及偉大。其與臺北市彭氏宗親會的不解之緣，有下列二件大事：

其一：江西構雲公祠墓之重新修建，彭飛宗長功不可沒，積德無數。自西元一九九七年在台北市彭氏宗親會理監事提案，因理監事們不太了解歷史緣由，經當時理事長炳進宗長裁示，由提案人彭飛宗長提供當地祠墓資料後，再議。之後幾年，彭飛往返台灣、江西兩地無數次收集資料，一邊溝通江西宜春當地彭氏宗親，研議祠墓重建之可行性及經費預估等繁瑣事宜，另外在台灣各地彭氏宗親會尋求經費的贊助支持。並多次在臺北市彭氏宗親會理監事會議上提案，希望由臺北市彭氏宗親會領銜呼籲全省宗親，共同完成這不世之創舉，西元 2003 年 3 月終於花開見月，在當時臺北市彭氏宗親會理事長文正宗長的領銜推動下，終於成立構雲公祠墓籌建委員會，開始正式發函向海內外宗親們，募集修墓基金，廣獲迴響。同年七月成立構雲公祠墓整建委員會，開始展開各項工程，歷經艱困的當地民眾協調、談判，祠墓設計圖紙的修訂，終於：2006 年 9 月 29 日動工了，2007 年 5 月 10 日完工。一座坐西朝東，東有九龍聚首，西為丹鳳展翅，南北為鳳之兩翼，風水絕佳的祠墓，終呈現在彭氏子孫面前。而拜坪下方有更休息室，內有碑文以供欣賞，集思古之悠悠。還有孝德碑，上刻有此次重建功德名單，希望您的名也有在上面，流傳萬世。10 年辛勞，以八十歲以上之高齡，完成此艱鉅之工作，可敬可佩也。

　　其二：彭公案豫劇之出資編印、發行。豫夏彭氏八世祖家屏公，清康熙、雍正、乾隆三朝元老，一代忠貞。膺任江、浙、湘、贛、滇等方面大員，深得人民愛戴，功績輝煌彪炳。後因和坤權臣之構陷，造成千古其冤，為使沉冤昭雪，案情大白於世，更要緬懷彭祖家屏公，忠孝雙全，為國為民，秉公執法的光輝事跡，教育族眾弘揚祖德，彭飛宗長再次編寫此劇，西元 2011 年在臺北市彭氏宗親會提案，希望臺北市彭氏宗親會出資印製，廣傳彭氏家族子第，藉此了解彭氏先祖之偉大。時任理事長之誠晃宗長，經理監事之支持與同意，編印 500 本發行，臺灣全省各地彭氏宗親會也認購留存。

　　如今：

斯人已作古，懷念徒傷懷，
衷心憶前程，孝德為榜樣。

西元 2020 年 5 月吉日

唁 文

愛真小姐：

　　驚由大陸宗親傳來令尊噩耗，不甚驚訝，記得去年台北彭氏宗親會，我與令尊都有參加，同一席吃飯，他談笑風生，精神奕奕，殊料此次會面竟成永訣，真是不堪回首。

　　令尊比我大四歲，我們為研究彭氏族譜而相識，志趣相投，他住在離我家很近杭州南路女婿家時，常來我家談族譜聊天，兩人多次參加桂林等世界彭氏宗親會議，常互贈送個人族譜等作品，今朝一別，只有追念。

　　彭飛宗長沒有網路資訊，大陸宗親為了悼念他，多將唁文寄來我處，因之我將其抄錄，轉寄給妳，轉達他們追悼。

愛真小姐：

轉寄彭氏諸宗親悼念令尊唁文

愚宗　**彭建方**　敬上

2020.3.16

父親百日追思感謝文

　　父親於 2020 年 3 月 13 日下午 3 時 38 分蒙　主恩召安息
主懷，享耆壽 98 歲，並於 2020 年 3 月 22 日在台北市第一殯
儀館大覺廳舉行追思禮拜，遵照先父遺囑以節儉為原則並有
感新冠肺炎疫情期間避免群聚，於是不通知宗親會、教會、
友人，尚請宗親宗長們體諒，追思禮拜簡約而隆重莊嚴，感
謝各位海內外宗長惠賜追思文表彰家父功德及懷念，子女們
特致無上感謝。

　　八德忠居首，百善孝為先，先父謹遵祖訓，一生為國盡
忠、為祖盡孝、三修彭氏大族譜、四建祖祠、先後整修多座
祖墓並立多通墓碑，行有餘力更不忘多方多次敬獻祭祖基
金，以為後世積福。

　　今天是家父的百日祭，在這些沒有父親的日子裡，子女們淚流滿面在臉上寫下了深切的思念，孤苦無依的感覺陣陣襲來，讓我們再喊聲親愛的爸爸。

　　父親的一生是令人心酸的，祖考道中公在北伐戰役中陣亡，家父時年不足一歲，孤兒寡母很是辛苦。父親常掛在嘴邊的一句話就是，不知如何做個好爸爸，要照顧 10 個子女成長、成才真不是件簡單的事。

　　記得小時候住在桃園大溪僑愛新村，眷舍擠不下 8 個子女(另一姊一兄留在家鄉不及帶出)，父親用逃難時貼身帶出的僅有頭寸換得村子邊的農舍，讓我們一家人住得舒適些，但房子老舊不堪，父親利用閑暇時間整修並在空地上另蓋一間磚房，我們兄弟姊妹遞磚提水的感到好幸福。

　　父親為了方便照顧兒女，將自己大好前程穩定的軍職放棄，自請申調到離家近的陸軍化學兵學校服務，每天忙進忙出，只為一家老小食指浩繁掙求微薄的副業收入，猶記父親在家旁的空地養烏骨雞、養兔子、種菜、還開了煤球廠。

　　父親在我們子女的心目中是個什麼都會的巨人，尤其燒得一手好菜，父親您真是個好爸爸。

　　現在想想，我們兄弟姐妹的快樂心和幽默感都來自父母，父親十八般武藝樣樣精通，隨手拾起的樂器摸摸弄弄就是一首能讓孩子們唱唱跳跳的歌曲。但是子女們又如何瞭解安慰父母的傷痛呢？每逢年節倍思親，常看到父親在房內痛哭捶胸喊娘並淚訴家鄉的人事物，也因此才知我們來自河南夏邑，有這麼多的親人仍在等著、盼著。

　　在我們成長過程中，父親為子女付出了偉大的愛，一件件都令我們難以忘懷，令子女敬佩。

　　父親的去世成了子女心中巨大的痛，每次去台北南港軍人公墓祭奠，始終相信父親此時正在天堂微笑的看著我們。父親對子女的愛是全面的，是無微不至的。

父親您永遠活在子女心中，您的一言一行使我們受益匪淺，享用終生，子女們永遠懷念您。

永遠懷念您的子女們敬叩

109 年 6 月 20 日百日

彭　飛（1924～2020）河南夏邑人，旅台，享壽九十八歲。
2011 年 3 月 27-29 日，彭飛宗長由臺灣抵達廈門，
住宿在嘉慶水岸豪景家中（彭嘉慶　提供）

致全球彭氏宗親公告

　　構雲公三十九世裔孫河南夏邑旅台飛公因心臟衰竭醫治無效，於二零二零年三月十三日下午三點三十八分在臺北逝世，享壽九十八歲。

　　飛公曾為構雲祖居地及全球彭氏做出巨大貢獻，是全球彭氏族人學習榜樣。

　　　　袁州區彭姓居住點譜查小組

　　　　徵君構雲祖居地公益小組

　　　　構雲公園陵修繕維護二期工程籌備委員會

　　　　　　　　　　　　　　　　　　　2020.03.14

柒、大陸彭氏之聲

「敬悼臺灣彭飛宗長千古」

一、驚悉彭飛宗長去世

二、群內悼念詩文選錄

三、各群宗親悼念選錄

四、彭飛宗長文摘

五、彭飛宗長生命點滴

六、彭飛宗長根文化脈絡

一、驚悉彭飛宗長去世

彭曉珍構雲祖居地師奭後裔 3 月 14 日
發入族譜交流群：

致全球彭氏宗親公告：

　　構雲公三十九世裔孫河南夏邑旅台飛公因心臟衰竭醫治無效，於二零二零年三月十三日下午三點三十分在臺北逝世，享壽九十八歲。

　　飛公曾為構雲祖居地及全球彭氏做出巨大貢獻，是全球彭氏族人學習榜樣。

　　　袁州區彭姓居住點譜查小組

　　　徵君構雲祖居地公益小組

　　　構雲公園陵修繕維護二期工程籌備委員會

　　　　　　　　　　　　　　　2020 03 14

二、群內悼念詩文選錄

1. 痛悼彭飛老宗長

含辛茹苦，投筆從戎，十四年抗倭，護國豐功留典範；
尊祖敬宗，建祠續譜，九八齡謝世，敦親茂績譽人間。

彭嘉慶 3 月 15 日拜挽

挽　詩

一

傷心噩耗共含悲，學富才雄乃族師。
追遠慎終常報本，宗功祖德紀豐碑。

二

百齡即晉頌完人，典範長留春意真。
續譜建祠功德滿，光前裕後拂仙塵。

贊　詩

贊彭飛八修《夏邑彭氏大族譜》

2013. 10

豫夏家聲傳世代，飛君卓越古難庚。

廿年編纂先人譜，八版刊行祖德銘。

寶典不忘昭伯爵，賢才輩出列簪纓。

千年禮樂衣冠秀，百世蒸嘗俎豆馨。

2. 深切悼念彭飛老宗長

彭　飛　河南夏邑人，旅台，享壽九十七歲。他是我的忘年之交。他為江西構雲公墓地修繕奔走出資出力，撰寫構雲墓修繕碑文。

靈耗傳來萬分悲痛。

望彭飛宗長一路好走。

願家人節哀順便。

祖籍廣安 生於營山 家居成都 **彭忠東**

譜名 **彭國華** / 哀悼

庚子鼠年二月廿一日西元 2020 年 3 月 14 日

成都 愚翁齋

3. 悼臺灣彭飛宗賢

海峽兩岸根相連，

夏邑飛公居臺灣。

倡修祖墓功卓著，

駕鶴西歸慟九天。

懷化·**彭雲吉**

2020 年 3 月 15 日

　　彭飛宗員為修繕構雲墓首倡之一，亦為彭氏做出過巨大貢獻，是彭氏族人學習榜樣。

　　構雲公三十九世裔孫河南夏邑旅台彭飛公因心臟衰竭醫治無效，於二零二零年三月十三日下午三點三十分在臺北逝世，享壽 98 歲。

彭雲吉懷化 2020/03/15/9：14

（全球彭祖後裔聯誼（2）群（498））：

4. 憶飛公

在時江西到處遊，

籌措修繕構雲築。

忽憶飛公離世去，

直上今日銀河流。

庚子年二月二十二日

彭詩淵 2020/3/15/8：25：

5. 宗賢走好

宗賢仙逝，風範長存！

激勵今人，思古論明！

彭世勇(師遇公後裔)貴州

6. 敬悼臺灣彭飛宗長千古

隔海分離幾十春，

敬祖認宗實幹人，

痛悼彭飛促族務，

淚灑故土顯真情。

2020 年 3 月 14 日 **彭湧**筆

7. 黔彭世勇師遇公後：

家屏仙輩風範遺

飛公博文似超溢

嫡傳後裔天庭會

冥佑大彭超前移

2020 年 3 月 15 日 **彭世勇**筆

8.致悼彭飛宗賢

庚賢傳來新信息，臺北老賢彭飛故。
老賢一生多坎坷，癸亥元霄佳節生。
公元一九二三年，歲余家嚴戰中亡。
慈母含辛茹苦養，七七事變日寇侵。
投筆從戎十四齡，告別慈母抗倭敵。
與寇周旋魯豫皖，軍旅中經歷磨煉。
常以銘言自激勵，人生再世不枉渡。
走路要選難路走，挑擔要撿重擔挑。
數次立功又授獎，軍中職務多陞遷。
戊申一九六八年，退役臺北轉工建。
文才八斗撰弘文，詞賦多多有奉獻。
尊祖敬宗不忘懷，多個宗支考流源。
兩岸開通把親探，國共兩黨分階級。
只因劍英去臺灣，九旬慈母白髮添。
回鄉建祠又修墓，不忘先祖血脈源。
三度撰修彭氏譜，效法家屏老祖材。
庚子二○二○年，公歷三月一十三。
九八高齡辭人間，報道太始祖跟前。

註：彭飛自號劍英

族晚 **俊修** 二○二○年三月十五日於榮昌區

9. 宜春構雲祖祠徐坡下村老宗長九十四歲子雲公講述飛公回祖籍尋蹤的過往故事，講著講著就哭了。

沉痛悼念臺北彭飛老宗長

三月靈耗春恨早　颱風不暖百歲人
少時敦記慈母訓　寒窗苦讀三字經
國共合作民存亡　熱血男兒報國門
金槍勇士衛中原　鐵馬長嘶點劍英
東亞共榮是謊言　日侵中華血海冤
但有夏邑兒女在　逐寇東京度鬼魂
英雄誓死不流淚　銅雀無聲奠英靈
長城楊柳垂頭泣　白卉花草難春分
兩岸月缺星已稀　海水倒流護宗親
千年黨史載一頁　彭氏公祠千古名

師奭公裔：秀山宗親彭謨萬
向老宗長彭飛頓首致哀！2020 年 3 月 14 日（庚子年）

10.敬悼彭飛老宗長

　　值此庚子之初，疫情肆虐之際，驚悉旅居臺灣九十八歲高齡彭飛老宗長仙逝。噩耗傳來，不勝悲慟！謹致以沉痛的悼念和深切緬懷！

　　老宗長乃唐徵君構雲公後裔，籍隸河南夏邑。少孤貧，受慈母之教，不墮雄傑之志。稍長，投筆從戎，抗倭衛國，後旅居寶島。碧海青天，鄉愁綿綿，不忘根本。為恢復江西宜春構雲公墓塋，重構宗祠，續修族譜，公不辭年高體衰，櫛風沐雨，奔走海峽兩岸，親力親為，籌捐鉅資。嘔心瀝血，著詩文歌賦紀念吾彭得姓始祖籛鏗、漢大樑王越公、唐徵君構雲公等列祖列宗先輩先賢。公高風亮節，學養深厚，筆力雄健。一言九鼎，玉宇澄清。品行道德，不朽文章，素為天下彭氏所景仰崇敬。公雖仙逝，遺澤永在。吾彭楷模，光耀千秋。謹此致悼，並候

老宗長全體家人節哀順變，多加保重！

構雲公後裔　四川雙流青杠林　**彭 鑄** 敬撰

2020 年 3 月 17 日 于成都錦裏

11. 沉痛悼念彭飛老宗長：

臺北哀息慟九州　　病故雲亡懷宗長
為人正直生無愧　　辦事公道氣長存
期頤年逝草木春　　貴亥逢來禮炮鳴
青年時節齊勇往　　抗日汗馬留英名
白髮青燈擬家事　　千卷史書譜後人
兩岸宗親同聲哭　　月落烏啼敬天門
萬里雲天歸落日　　海鷗繞島淚淋淋
何日良辰歸故土　　青山低頭葬賢能

師爽公裔：秀山宗親彭謨萬
向老宗長彭飛頓首致哀！

2020 年 3 月 16 日

12. 遙祭臺灣彭飛公千古

野鳥唬春柳籠煙，同袍抗疫正當前；
突聞飛公歸紫府，鐵石人心亦膽寒。
皓月淒情星殞座，西風蕭瑟春意寒。
緬維宗長乃族範，宇內商賢一線牽。
投筆從戎抗倭寇，天下為公效逸仙。
年逾古稀不服老，敦宗睦族意如磐。
繕葺祖墓存孝衍，撰志表文芳名傳。
櫛風沐雨奔兩岸，齊家強族負于肩。
再度兩春期頤壽，可歎昊天不假年。
遙唁宗長跨鶴去，垂德于族啟後賢！

庚子 2020 年仲陽戊午～黔省納雍明榮頓首！

13. 挽彭飛宗長：

壽臨百歲，人生三部曲；
淚祭春分，天闕一仙翁。

彭氏本是一條根，族興全憑奉獻人，
業興家旺愛家族，彭飛堪稱第一人，
如今駕鶴西遊去，感恩難表思念心！

──彭統軍

14. 悼飛公☆驚聞飛公駕鶴去，痛失賢能淚粘襟。

諄諄教誨歷在目，從此祭祖少一人。

世甫

家屏遺風猶長存，鞭策吾彭後繼人。
飛公瀝血幾十載，泣淚頓首悼此君。

世甫

碑首：高風亮節

碑聯(彭嘉慶挽聯)：

上聯：含辛茹苦投筆從戎十四年抗倭衛國豐功留典範
下聯：尊祖敬宗建祠修譜九八齡謝世敦親茂績譽人間

碑背：墓誌銘

彭公諱飛，乳名天送，字號劍英，河南夏邑東花園彭樓人士，唐徵君構雲公後裔，夏邑始祖悠久公十七世孫。生于癸亥年元宵佳節(西元一九二四年二月十九日)，歿于庚子年暖春之月(西元二零二零年三月十三日)，享年九十八歲。父道中公國民革命軍營長。在公不足一歲時即于北伐戰役中陣亡，母韓氏二二年華寡居育孤，公三歲時由祖父紫宸公教導識字，及讀《三字經》、《百家姓》等簡易書籍，後聘秀士私塾名師堂伯彭寶爐教讀講解《四書》、《五經》等各種歷史書籍。及入學校時均以同等學歷屢次考取升級，跳讀初、高、大一，置逢一九三七"七七事變"，日寇進犯華夏，國難當頭，公不墮雄傑之志，毅然投筆從戎抗倭衛國，與倭寇周旋于魯、豫、皖。軍旅中經歷磨練，數次立功受獎，軍中職務多有升遷。一九四九年隨軍去台，一九六八年退役臺北轉入工建，建樹頗多。公五男五女品行皆優。常以銘言激勵"走路要選難路走，挑擔要撿重擔挑"。碧海青天，鄉愁綿綿，身在台澎，不忘根本。時推一九八七年兩岸開通，回鄉祭祖，即傳承家屏公遺風，恢復江西宜春中興始祖構雲公、河南夏邑始遷祖悠久公、六世祖舜齡公墓園，遷青原公墓入始祖懷抱，刻石獻碑。並重修夏邑彭氏北林、東林二祠堂，續修六、七、八屆豫夏彭氏族譜。公不辭年高體衰，櫛風沐雨，奔走於海峽兩岸，親力親為、籌捐鉅資、嘔心瀝血、著詩文歌賦以紀念吾彭得姓始祖篯鏗公、漢大樑王越公、唐徵君構雲公、明右通政端吾公、清布政使家屏公等列祖列宗，先輩先賢。並專為家屏公編纂豫劇《彭公案》傳世。公高風亮節，學養深厚，文筆雄健，一言九鼎，玉宇澄清，不朽文章，素為天下彭氏所景仰，盡顯一生盡忠、盡孝、盡力三部曲真實寫照。

　　公雖仙逝，遺澤永在，吾彭楷模，光耀千秋！
　　庚子年清明節，愚侄世甫敬撰

三、各群宗親參與悼念記錄

（一）彭氏族譜交流群 111 人

1、彭成剛陝西安康：

　　彭曉珍構雲祖居地師奭後裔

　　希望他老人家一路走好！

2、巴川子彭強：

　　老宗賢一路走好

3、黔彭世勇師遇公後：

　　老宗賢一路走好

4、沉澱：

　　對彭飛宗長的去世深感痛心，他為彭家的事務做出

　　了較大貢獻，老宗賢駕鶴西去，光照後昆，一路走好！

5、江西九江縣彭鵬：

　　39 號編輯家書彭湧 宗親：其實我比較認同您的思路，正本清源是好的　不靠譜的東西最好不要，比如說彭祖的生辰（百度）及彭祖都構雲公一百零八世世系傳承是多麼的滑稽可笑，尊祖敬祖是值得學習表揚的，但不能胡編亂造啊...

6、彭一霸：

　　老宗賢一路走好

（二）彭氏人物與族譜文化群 358 人

1、彭順長邵東：

　　望彭飛宗長一路走好，願其家人節哀順變。

2、PENG MU WAN：

　　望彭飛宗長老人一路走好，好好安息吧！

　　秀山的彭氏宗親向您頓首致哀！

3、彭金祥湖北：

　　　　獲悉彭飛宗長仙逝，深感悲痛！謹表示深切哀悼！

　　　　願其家人節哀順變！

4、春天的腳步　彭世甫河南夏邑雲公 40 世：

　　彭忠東　廣安籍　營山生　居蓉　國華

5、川廣安籍彭忠東宗親：

　　　　彭世甫河南夏邑雲公 40 世　　彭飛老宗長把他一生

　　中的資料用移動硬碟郵寄給愚宗。

6、春天的腳步　彭世甫河南夏邑雲公 40 世：

　　　　　好好保存，發揚光大，

　　　　　彭氏家風，代代相傳。

7、黔彭世勇師遇公後：

　　　　　宗賢仙逝，風範長存！

　　　　　激勵今人，思古論明！

　　　　　宗賢走好

8、彭詩淵：

宗親彭世甫早安，追憶飛公升九天。

九八高齡逝世仙，鞭韃後嗣楷模攀。

信手拈 / 彭詩淵，即時念。

9、快樂人生　彭平衡：

挽彭飛宗長：

壽臨百歲，人生三部曲；
淚祭春分，天闋一仙翁。

10、彭勇(織金)13985898369：

彭忠東　廣安籍　營山生　居蓉　國華

要學習河南夏邑籍彭飛公，心系大彭、心系先祖的
精神。

11、PENGMUWAN：

彭詩淵，我看到這個也只是部分資料，不是我們宗
族修譜出來的依據，僅僅只是一份參考資料。

12、彭詩淵：

哦。沒關係，族人中層出不窮的高手大有人在，終

有一天會將彭祖普天下的彭氏後裔聯網成遍的總譜總匯編纂成功的。

理解你。

13、Peter 彭高寧遠縣克字輩：

要學習河南夏邑籍彭飛公，心系大彭、心系先祖的精神

（三）大彭宗親話譜平臺群 473 人

1、彭永吉·懷化：

構雲公三十九世裔孫河南夏邑旅台彭飛公因心臟衰竭醫治無效，於二零二零年三月十三日下午三點三十分在臺北逝世，享年 98 歲。

彭飛宗員為修繕構雲墓首倡之一，亦為彭氏做出過巨大貢獻，是彭氏族人學習榜樣。

2、初：

深切哀掉彭飛 志宗長逝世，願老人家一路走好！

3、海空湘彭全國：

要學習河南夏邑籍彭飛公，心系大彭、心系先祖的

精神。

3、彭華明本字輩邵陽：

　　要學習河南夏邑籍彭飛公，心系大彭、心系先祖的
精神

（四）華夏彭氏源流探聯 Q 群 432 人，群號 627077202

1、【江西南昌】彭國清南昌萬舍街東壇彭家師奭

　　文喜公世宣房

2020/3/14 20：44：01

2、【江西吉安】江西吉安彭海雲 2020/3/14 21：22：34

　　彭飛，水井，海康，三位宗親為彭氏做了不少，出
錢，出力。

四、彭飛宗長文摘

1、川廣安籍彭忠東宗親：

下面是彭飛老宗長部分資料：

彭　飛　（1924.2.19 元宵節～）　號劍英，河南省夏邑縣人；彭祖至餘一四六(夏邑十七)世；生於民國十三年元宵節，父道中公，參加國民革命，在我不足一歲時，即於北伐戰役中陣亡，迄不悉葬於何處；母韓氏二二年華，寡居育孤；三歲時由祖父紫宸公，教導認字，及讀三字經、百家姓等簡易書籍，後聘秀士私塾名師彭寶爐，教讀講解四書五經等各種歷史書籍(師系清朝最後一屆秀才，學問淵博，尤對彭氏源流、歷史、文化，知之甚詳，一而再的講解，使我印象深刻)；故後入讀學校時，均以同等學力，屢次考取升級，跳讀初、高中、大一；……家居臺北。

盡忠盡孝盡力一生三部曲

川廣安籍彭忠東宗親發出微信群：

2、(彭飛/自著)

余姓彭名飛號劍英，河南省夏邑縣人；彭氏宗族，已逾4522年之悠久歷史，一世受姓始祖彭祖，原名箋鏗，系黃帝八世孫，封於彭城國(徐州)，因國得姓，乃我國最長壽之人，亦系烹飪及氣功之祖師爺；五十五世祖仲爽公，任楚賢大夫，秦滅楚遷大戶於隴西，公率五房往之，公系隴西始祖，故稱隴西堂號；七十六世祖越公，因興漢有功，封大樑王，功高遭忌，呂后陷害，夷誅三族，葬於河南太康大樑旬(流屍堌堆)；八十三世祖宣公，系淮陽始祖，任漢光祿熏右將軍，大司空，長平侯，因王莽攬政，故辭朝歸農，研治易經，故有"施氏之易張彭之學"之歷史記載；一○八世系江西始祖構雲公，乃贛八大隱賢之一，唐玄宗聞其賢，以蒲輪車迎封高官厚爵，公堅辭不仕，賜號"徵君"，專使送歸，一一二世祖玕公，唐僖宗至明宗期間，任金紫光祿大夫，左龍韜上將軍、節度使、行軍司馬、太尉，安定王；一一三世祖彥昭公，末五代，歷任朝散大夫、靜江軍節度使、特進檢校太保、太傅，尚書令、金紫光祿大夫、兵部尚書、長州刺史、御賜"金魚紫袋"。

3、漢大樑王彭越公墓誌銘

越公字仲　匡世英雄　嬴政乙卯　吾祖誕生

秦朝暴政　民不聊生　群雄揭竿　互相爭鋒

公年加冠　投筆從戎　策略運用　所向景從

戰無不勝　屢建奇功　平王約法　兩路西征

項羽英勇　劉邦梟雄　秦雖滅頂　楚漢相爭

越祖神武　擄敵略城　建成侯爵　乙未加封

丙申年間　魏相國稱　漢攻昌邑　公立大功

封大樑王　赫赫功名　討伐陳豨　帝徵公兵

身染疾病　遣將相從　呂后誣陷　三族夷平

流屍堌堆　營造墓陵　忠臣冤死　含恨難鳴

享年五一　乙巳而終　長子同罪　憐哉綬榮

大夫欒布　拜祭亡靈　帝怒命令　油鼎沸烹

樂詞嚴正　責帝不公　前敗彭城　越阻楚攻

咸陽垓下　越均大功　微疵刑重　鳥盡藏弓

蒼天佑憫　公之忠貞　次子綬華　淮陽避凶

三子易祝　遺腹子淩　繁衍播遷　光大吾彭

西漢建昭　彭氏復興　宣公出任　八面威風

長平侯爵　精研易經　代代忠勇　世世菁英

王侯將相　櫛比鱗叢　耕讀傳家　唯孝唯忠

祖訓諄諄　暮鼓晨鐘　勒石永志　懷念祖宗

公之七十一(夏邑十七)世裔孫　彭飛敬述

4、唐徵君構雲公陵園記

江西始祖　諱曰構雲　鑽研易哲　博大精深

學富五車　朝野敬尊　侍郎刺史　八大賢人

帝相奢弊　忽視人民　袁州掛冠　遠離俗塵

太守李璟　如實奏聞　玄宗禮賢　迎以蒲輪

錦衣玉食　待若上賓　銜加光祿　禮部奉欽

俸食廬郡　浩浩皇恩　敬謝不敏　賜號徵君

副衣賜贈　聖意摯忱　專使護歸　上表謝申

閑雲野鶴　避居宜春　寶岩垂釣　樂道安貧

高風亮節　儉樸純真　享年五三　福地安身

九龍朝陵　丹鳳拱墳　後裔繁茂　千枝萬蕁

遍佈各地　芸芸殷殷　顯達榮貴　櫛比叢鱗

祖德蔭庇 後代子孫 敬步先賢 感念先人

祖靈佑引 盧宜尋根 墓臨懸崖 危殆萬分

跪難容膝 祭難納身 奔走呼籲 奉告宗親

一呼百應 萬眾一心 爭解孝囊 修建園林

構雲公三十九世夏邑十七世裔孫 彭飛 謹叩

西元二〇〇七年清明日立石

5、為修譜建祠事告慰家屏公祭文

丁醜清明不孝飛為修譜建祠事，泣血跪祭，告慰於青原公在天之靈：

嗚呼!吾祖!少而穎脫，壯而鷹揚，光明磊犖，忠義滿腔。

魁奪京闈，賢明播於遐邇；藩撫閫外，德政垂諸甘棠。藏潞紀，補史志之闕：貯變略，溢汗青之香。

雲公墓碑，盡孝思於先祖，致力祠譜，彰風化於豫章；豫東災重，念念民於水火，迎鑾請賑，心系拯救梓桑。

誰料，觸忤當道，竟折棟樑。

媒孽成讞，星殞三尺之帛，禍罹統記，書焚炬之愴惶；三字獄成，河帶恨聲傳萬裏，一家器罷，蒼生涕泗匯湯湯；惟以『儒承道統』，亦悼亦辯，敢藉『世衍心傳』，志誣志枉。雖，北洋昭雪，南京立傳，台陸並頌，真相大彰。

然，祖志未竟，不孝梗塞芥蒂，胸茹鋒芒。

或忡忡而遐思，或疚疚而奔忙，或飲泣於案牘，或囈號於黃梁。愴愴複嗟籲，潸潸複愴愴；嗚呼吾祖！

所幸，三通景運淑開，兩岸並現曦光；托庇祖蔭，得返鄉以祭掃，梢紓拮据，複謁陵而焚香。置林建祠，挫而彌堅，敦族修譜，義無旁徨。

正仲爽公之名，彰隴西郡之堂；溯少典於開派，理百裔於一章；恭勘虔校，錄名文以彰華，慎刊精幀，梓影圖以增光；駑鈍耿耿，弘統記之規模；癡愚念念，闡傳志之辭章。祠譜竟矣，倚眾志而成城；祖德彰焉，寄百世以流芳。

嗚呼!吾祖英靈，聊以藉慰，不孝匍匐，饗我蒸嘗。度必，雖芹藻亦猶珍肴，借第，即清泉而勝瓊漿。

心之悠悠，如醉如癡，不知所云：嗚呼!哀哉！

伏　　維

尚　饗

豫夏十七(公之十)世不孝孫　飛　泣叩

6、方伯公家屏府君墓碑銘

巍巍我公　赫赫名臣　浩浩正氣　耿耿赤心

孝悌其本　忠信其根　修齊維德　治平唯仁

少掇科第　壯撫疆閫　臨政煦煦　育民殷殷

風化熙熙　良吏循循　六事咸修　百僚同欽

湘贛滇寧　所至逢春　澤及婦孺　惠遍黎民

論政如阜　懋績如雲　口碑載道　甘棠垂勲

恬退歸隱　瞻族恤鄰　建祠修譜　克台邦心

知民疾苦　委曲上聞　扶困濟危　節用愛人

迎鑾請賑　觸忤讒臣　媒孽成讞　皂白難分

一帛星殞　三字冤沉　天心未泯　評說有人

往事難誣　沉冤當伸　忠烈共仰　南北同尊

北洋昭雪　廟食常新　南京立傳　褒公英魂

天日如鑒　報公頻頻　瓜瓞綿綿　棠樹蔭蔭

紹緒承志　萬枝千蕁　雖握左券　遺憾長存

公之十世孫　彭　飛　1997 年清明節立

五、彭飛宗長生命點滴痕跡

川廣安籍彭忠東宗親發出微信群：

彭永吉，懷化：[圖片]

* 重修構雲公墓陵：中爲墓碑兩側係彭飛所題墓碑及對聯

　（見 118 頁）

* 1999 年彭飛攜帶族譜由宜春宗親陪祭構雲公墓

　（見 121 頁）

* 台灣桃園於憶聲電子公司構雲公墓陵整建委員會議上彭

　飛專題報告（見 123 頁）

* 臺灣尋根祭祖團於滂沱大雨中祭拜構雲公墓霎時陽光普

　照並現異象（見 124 頁）

橫雲公陵園記　彭飛拜撰

重修構雲公墓陵之二
中為墓碑兩側係 彭飛所題墓碑及對聯

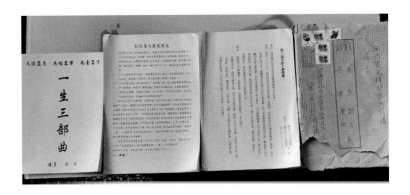

已接合之墓碑

尋根祭祖之二
1999 年彭飛攜帶族譜由宜春宗親陪祭構雲公墓

彭飛獲褒揚狀

台灣桃園於憶聲電子公司構雲公墓陵整建委員
會議上彭飛專題報告

原微君公祠之一
平房三進按方位建於 1237 年　至 1998 清明大雨中倒塌

臺灣尋根祭祖團

於滂沱大雨中祭拜構雲公墓霎時陽光普照並現異象

臺灣尋根祭祖團

致悼彭飛宗賢

宜春構雲祖祠徐坡下村老
宗長九十四歲子雲公講述
飛公回祖籍尋蹤的過往故
事，講著講著就哭了。

六、彭飛宗長根文化探索脈絡

C 遷徙脈絡

C1 據彭堯諭公清康熙三十三年（1694）所作《鄉耆久塘公傳》等載："上世族玕……祖琢，父仲寬，仲寬為張氏贅婿，乃辭伯作楚游"。夏邑彭氏家族最早定居地夏邑縣司鎮（即今王集鄉司道口村），原籍江西廬陵七十四都冷水塘，明中葉遷居夏邑縣，屬於自發性移民。其父彭仲寬入贅張家，去世時遺有兩個兒子，悠久是次子，當時還在繈褓中。及至弱冠，母親去世，三年居喪之後，便過楚。

C2 彭飛公 1996 年譜敍述：然世系所得詳者，自唐徵君始，徵君生一子三孫，據家屏方伯手編之《大彭統記》，家屏公校核之《青山敦睦譜》均明載……？吾宗為吉水木口分支，出於彭師俊公下十四世為達泉公尚遠，徙居廬陵之冷水塘。達泉公曾孫久塘公悠久徙河南夏邑縣？久塘公曾孫銀辜公端吾及屏高祖也？巡 cuo 事畢，來廬陵修治祖墓，大會宗族，廣求譜系，而佳本訖未可得。故與曾炯卿書(曾皋 1539－1634？)有曰："鏡方之派較遠，唯木口為近，然亦自達泉公失派久矣，需異日再加諦訪，而後可認也"，謹玩語氣，似大有致疑者，然，又先自油田派給事惟成（彭芹生）與銀台（端吾公官禦史故稱銀台）族誼最厚，序為兄弟行，且謂達泉公出於油田？甲戌、已丑之文殊，莫能辨析。此皆萬曆年間事也。

C3 源流探索群交流：

1、【湖北武漢】湖北武漢彭進賢（江西進賢籍）　14：11：29

彭家屏的高祖端吾公，巡差之餘到盧陵尋祖，一是拿不准自己屬哪派，估計以前自以為是鏡方派，後來覺得離鏡方太遠，就接在冷水江（塘？）派下。抄了冷水江（塘）的原始族譜？。

2、【河南夏邑】河南夏邑彭統帥（師俊房）　14：17：35

@湖北武漢彭進賢（江西進賢籍）不是接到冷水塘木口派，

夏邑始遷祖的上三代祖墳在那裏？彭球公的後裔為木瓜派，也就是彭家屏公的上源？？

所以就從水溪查到木口，木口派有記錄冷水塘始遷祖達泉公，達泉公是夏邑始遷祖悠久公的曾祖父，仕沒有找到上源前，夏邑四世祖端吾公是懷疑過是鏡方派。

3、【管理員】湖南瀏陽彭豫（師遇公後裔）2019 年 11 月 4 日 14：27：28

@河南夏邑彭統帥（師俊房）　我看過的文章不是這樣寫的，初到夏邑人生地不熟，還好有金家關照，父親死了是一個好心人給了一塊地埋了，下葬的那天好大的雪埋得不深又是孔子的祖墳的上部，這個墳就是棺上棺，難得的好風水，子孫從此開始發跡。

4、【河南夏邑】河南夏邑彭統帥（師俊房）　14：28：51 這是傳說，不過金姓確實幫過夏邑彭家。

5、【湖北武漢】湖北武漢彭進賢（江西進賢籍）　14：29：

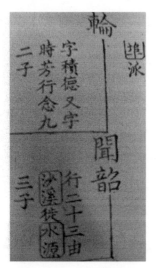

32

@湖南瀏陽彭豫（師遇公後裔）　：他們始祖是當官的

6、【河南夏邑】河南夏邑彭統帥（師俊房）14：29：35 現在還壓上上面。

7、【河南夏邑】河南夏邑彭統帥（師俊房）　14：31：58 第二世開始從政。

8、【管理員】湖南瀏陽彭豫（師遇公後裔）　14：33：45

@湖北武漢彭進賢（江西進賢籍）　我看到的文章是手藝
人，彈棉花的同行，去過很多地方四處找零活養家糊口，
到了夏邑就不走了定居下來。

9、【湖北武漢】湖北武漢彭進賢（江西進賢籍）　14：35：
55

@河南夏邑彭統帥（師俊房）　：沒有祖墳的，端吾公沒有
找到祖墳。因為你們祖輩曾在積水文昌鄉居住過，而鏡
方就是在文昌鄉永昌裏。

10、【管理員】湖南瀏陽彭豫（師遇公後裔）　14：38：53　@
湖北武漢彭進賢（江西進賢籍）　瞎說！哪有這種好事。

11、【河南夏邑】河南夏邑彭統帥（師俊房）　14：41：26

@湖北武漢彭進賢（江西進賢籍）　的，他找到祖居地，還
的立碑，家屏公也去過，九七年臺灣彭飛去過。

12、【湖北武漢】湖北武漢彭進賢（江西進賢籍）　14：42：
25

@河南夏邑彭統帥（師俊房）：我也懷疑他們是鏡方派，因為達泉公所處的年代差不多是宋末元初，與我們文抗公位下逃難的年代差不多，又只記得是鏡方派，不過他們認祖很早。類似的還有宜春溫塘彭坊彭氏，他們是四支彭氏拼成的？？

不過很遺憾，在鏡方派裏搜索不到達泉公？

13、【河南夏邑】河南夏邑彭統帥（師俊房）　14：44：21

有，鏡方派，達泉公跟木口達泉公相差幾代人，

14、【河南夏邑】河南夏邑彭統帥（師俊房）　15：46：45

@湖北武漢彭進賢（江西進賢籍）　曾皋（曾養全）同端吾公同朝為官好像跟盧陵彭家還有姻親關係。譜上《栗岡懺表》就是曾皋寫的，寫成曾養全很難找到的。

曾皋 (1539 一 1634)，字直卿，自號養全老人。明盧陵(今青原區值夏鎮新車村)人。明萬曆二十年 (1592)進士。歷官工部主事、員外郎、潞安知府、太僕寺少卿，加太僕卿致仕。家居三十餘年，卒年九十 有五。一生致力於理學研究，晚年創辦明學書院，影響頗大。著有《周易圖解》、《明學書院學源學蘊學 訓》、《摘溪文集》等。

D 字輩

D1 已用輩分字序：

悠中古吾，堯舜禹湯，文武周孔，孟儒承道，統世洭心；

D2 待用輩分字序：

傳修齊誠正，裕後光前，治平和善，德高智遠，聖賢英才，
家振宗顯。

E 世系

彭玕----彭琢→彭仲寬→1 彭悠久遷夏始祖，譜名彭久塘？
→2 彭中美公嘉靖乙酉 1525 年鄉試、（彭中孚歲貢生任瑞
金王府教授）→3 彭好古，嘉靖丁酉 1537 年舉人，任陝西
同官縣知縣→4-6（彭健吾）、彭端吾萬曆辛丑 1601 年進士
→5 彭堯論天啟辛酉 1621 年拔貢任南康通判生於 1583 卒
于 1647、彭堯泰→6 舜→7 禹→8 湯（與彭家屏同代？）→9

文→10 武→11 周→12 孔→13 孟→14 儒→15 彭紫宸（承字輩）→16 彭道中原國民革命軍營長，在蔣馮大戰時戰死於陝西潼關→17 彭飛號劍英（統字輩），河南省夏邑縣人為遷徙臺灣始祖，在大陸有二子一女，去台後三子四女，共子女十人，1949 年攜長子遷徙臺灣→18 世→19 洐→20 心

1 徵君（尊祖？）--2 彭茲→3 彭倜→4 彭輔→5-4 彭玕→6 彥昭-----14--18 踵芳（以明初富民戍福建）--19 彭容齋---20 彭遠泉（隱蔽於冷水）--21 彭琢→22 彭仲寬→23 悠遠，悠久公---24 彭中美→25 彭好古嘉靖丁酉 1537 年舉人任陝西同官縣知縣→26-6（彭健吾）、彭端吾萬曆辛醜 1601 年進士→27 彭堯諭天啟辛酉 1621 年拔貢任南康通判生於 1583 卒于 1647、彭堯泰→28→29---30 彭家屏公自稱代次？→31--32--33--34--35--36--37 彭紫宸→38 彭道中北伐戰役中陣亡→39 彭飛（1924.2.19 元宵節 ～ 2020.3.13）號劍英，河南省夏邑縣人→--

2020 年 3 月 16 日星期一 整理筆

2011 年 3 月 27-29 日，彭飛宗長由臺灣抵達廈門，住宿在嘉慶水岸豪景家中，共同研討夏邑彭氏族譜及家屏　西曆史資料。　　　　　　　　　　　　　　　　彭嘉慶

彭飛與彭嘉慶合影

彭飛與彭嘉慶合影

編後記

彭嘉慶 2020/03/16/13：16：

謝謝忠東兄！我稱呼的居住臺灣的彭氏譜牒三傑（伯良，彭飛，建方），彭飛宗賢就這樣先走一傑了！

2020/03/17/12：48：

2011 年 3 月 27-29 日，彭飛宗長由臺灣抵達廈門，住宿在嘉慶水岸豪景家中，共同研討夏邑彭氏族譜及家屏西曆史資料。

彭嘉慶 2020/03/16/22：17：水朋將軍唁文：

驚悉老宗長仙逝，不勝悲痛！謹向其深致悼念，向其親屬致以慰問！化悲痛為力量，繼承老宗長遺志，把彭家人團結起來，抱團發展，振興彭氏，為中華民族的偉大復興作出彭家人應有的貢獻！

【編者注：彭飛老宗長辭世，各地宗親以不同方式，有的還未編入，也有重編的，望提出，以便今後增刪。同時，編者將上述資料於 2020 年 3 月 17 日星期二 10：40 左右用電子信箱傳給臺北 93 歲建方老宗長，請他轉送彭飛 老宗長的愛女愛眞宗姐。亦將先期發送給建方老，他轉送給愛眞宗姐的附後】

愛真小姐：
轉寄彭氏諸宗親悼念令尊唁文
愚宗　彭建方　　敬上
2020.3.16.30

愛真小姐：

　　驚由大陸宗親傳來令尊噩耗，不甚驚訝，記得去年台北彭氏宗親會，我與令尊都有參加，同一席吃飯，他談笑風生，精神奕奕，殊料此次會面竟成永訣，真是不堪回首。

　　令尊比我大四歲，我們為研究彭氏族譜而相識，志趣相投，他住在離我家很近杭州南路女婿家時，常來我家談族譜聊天，兩人多次參加桂林等世界彭氏宗親會議，常互贈送個人族譜等作品，今朝一別，只有追念。

　　彭飛宗長沒有網路資訊，大陸宗親為了悼念他，多將唁文寄來我處，因之我將其抄錄，轉寄給妳，轉達他們追悼心意。